AF613483

6 novembre 1885

M L

P

7e Vente VIGNÈRES (N° 43)

ESTAMPES

ANCIENNES ET MODERNES

DE TOUTES LES ÉCOLES

VUES DE PARIS

VUES DE FRANCE ET ÉTRANGÈRES

GRAVURES EN LOTS

VENTE

HOTEL DROUOT — SALLE N° 4

Les Vendredi 6 et Samedi 7 Novembre 1885

A UNE HEURE ET DEMIE

Me Maurice DELESTRE
COMMISre-PRISEUR
Rue Drouot, n° 27

M. DUPONT aîné
MARCHAND D'ESTAMPES
Rue de Seine, n° 21

PARIS — 1885

YD
1908
7

CATALOGUE (N° 43)

ESTAMPES

ANCIENNES ET MODERNES

DE TOUTES LES ÉCOLES

VUES DE PARIS

VUES DE FRANCE ET ÉTRANGÈRES

ET

GRAVURES EN LOTS

7e VENTE

Par suite du décès de M. VIGNÈRES

MARCHAND D'ESTAMPES

HOTEL DES COMMISSAIRES-PRISEURS

RUE DROUOT, 9, SALLE N° 4

Les Vendredi 6 et Samedi 7 Novembre 1885

A UNE HEURE ET DEMIE

Par le ministère de Me **MAURICE DELESTRE**, Commissaire-Priseur, rue Drouot, 27,

Assisté de **M. DUPONT aîné**, Marchand d'Estampes, rue de Seine, 21.

PARIS — 1885

CONDITIONS DE LA VENTE

Elle sera faite au comptant.

Les Acquéreurs paieront CINQ POUR CENT en sus des enchères, applicables aux frais.

M. DUPONT se réserve la faculté de réunir ou de diviser les lots.

ORDRE DES VACATIONS

Vendredi 6 Novembre

Estampes....................	Nos	1 à 194
Vues........................		293 à 345

Samedi 7 Novembre

Vues........................	Nos	346 à 465
Gravures en lots............		195 à 292
Cartons.....................		466

Mme VIGNÈRES continue de vendre les Portraits qui lui sont demandés.

S'ADRESSER RUE DE LA MONNAIE, 21, A L'ENTRESOL

Les Lundis, Mercredis et Vendredis, de 10 heures à 5 heures

DÉSIGNATION

ESTAMPES

1. **Adresses.** A l'Observatoire, Baradelle, ingénieur du Roy. Pièce in-4.

2 — Desuignes, maistre taillandier, rue du grand Heuleu, *Aux Envieux des vignes*, 1711. Belle ép.

3 — A l'ancien Monument de la Pucelle d'Orléans; Vergnaud, rue Royale, nº 10, in-8. Belle ép.

4 — Au Renard noir, François Arson, marchand pelletier à Dijon, in-4. Très belle ép., toute marge.

5. — Au Singe violet, Biennais, marchand orfèvre-tabletier, rue Saint-Honoré, in-fol. Très belle ép., toute marge.

6 — Aux trois Singes, Darbo, marchand tabletier, in-fol. Très belle ép., toute marge.

7 — Adresse de Darbo, in-8. Très belle ép., toute marge.

8 — Carte d'entrée pour visiter le château de Bagatelle. Très belle ép.

9 — Trois Adresses du commencement du XIXe siècle, avant toutes lettres.

10 **Adresses**, Cartes de visite, Rébus, etc. 16 p.

11 **Aubry-le-Comte.** Portraits de Mme Marie de Prony, née Lapoix de Fréminville, E.-J. Delécluze et Montabert, peintre. 4 p., belles ép.

12 **Bartolozzi.** Jeux d'amours, d'après Cipriani. 2 p. en bistre. Très belles ép., toute marge.

13 **Bellangé** (H.). Costumes militaires. 9 p. coloriées.

14 — Blessés revenant du combat, Voltigeurs retranchés, Après la bataille, La Sentinelle, Sujets tirés d'albums. 25 p.

15 — Sujets militaires et autres, feuilles de croquis. 37 p.

16 **Bergeret** et **De Frey.** Portraits et Sujets gravés à l'eau-forte. 19 p., dont plusieurs avant la lettre.

17 **Blond** (M.). Armoiries d'Alb. Durer et autres. 3 p.

18 **Boilly** (L.). Son portrait dans plusieurs attitudes. Très belle ép. avant la lettre.

19 **Boilly** (J.). Eaux-fortes, d'après Boucher, Fragonard, Greuze, etc. 9 p.

20 **Bonington** (R.). Cathédrale de Rouen, Palais-de-Justice, La Tour du marché à Bergues, Château d'Harcourt. 5 p., belles ép.

21 **Bouillard** et **Mathieu.** La Comparaison, d'après Shall. — La Naissance de Bacchus, d'après le Poussin. 3 p., dont une avant la lettre.

22 **Boulanger** (L.). Sujets romantiques, Chasses au lion. 9 p., très belles ép.

23 **Brébiette.** Sujets religieux et mythologiques, Frises, etc. 57 p.

24 **Breughel** (P.). Les Folies, la Guerre aux Ecus, les Péchés capitaux, etc. 8 p.

25 **Brienne** (A.). Etudes de fleurs et de fruits. 158 p.

26 **Bry** (Th. de). Fête de Village, d'après Béham. Belle ép.

27 **Callot** (J.). Exercices militaires (Ed. M. 582-594), Suite de 13 p., très belles ép. avant les numéros, grandes marges.

28 — Deux Combats de cavalerie. (Ed. M. 595-596). Très belles ép. avant les numéros.

29 — Les Fantaisies (Ed. M. 868-880). Suite de 13 p. du premier état avant les numéros, grandes marges; plus deux ép. du 2e état.

30 — Les Misères et les Malheurs de la guerre. Suite de 18 p.

31 — La Noblesse, Le Combat à la barrière, La grande Chasse, Les Supplices, Vues de Paris, L'Eventail, etc. 35 p., belles ép.

32 — Parterre de Nancy, Petite Vue de Paris, Massacre des Innocents, Saint-Nicolas, L'Arbre de Saint-François, Les Martyrs du Japon, Les Gueux, Caprices, etc. 93 p.

33 **Caylus** (Le comte de). Partie de son œuvre. 25 p.

34 **Charlet** (D'après). Sujets gravés au vernis mou, par Blaisot. 9 p., très rares ép. d'essai avant toutes lettres.

35 — Costumes militaires français, gravés à l'eau-forte. 28 p.

36 — Partie de l'œuvre de Charlet. 149 p.

37 **Chéreau** (Chez). Départ de MM. Charles et Robert du jardin des Tuileries, dans leur machine aérostatique le 1er décembre 1783. 2 p., très belles ép.

38 **Collaert**, Martin **de Vos**, etc. Allégories et Sujets mythologiques. 35 p., très belles ép.

39 **Collette** (A.). Motifs d'ornements. 20 p.

40 **Corrège** (Le). La Madeleine, Jupiter et Antiope, Le Bain de Léda, etc. 7 p.

41 **Couché** fils et **Bovinet**. La Bataille d'Austerlitz, d'après Gérard. — Le Maréchal Moncey à la barrière de Clichy, d'après H. Vernet. 5 p., dont quatre avant la lettre; plus les traits explicatifs.

42 **Couvay**. Les Saisons et les Éléments, d'après G. Huret. 8 p., belles ép.

43 **Cranach** (Lucas). Le Christ à la colonne, Sainte Famille, Supplices, etc. 9 p.

44 **Dé** (Le maître au). Histoire de Psyché, d'après Raphaël. 23 p.

45 **Daumier** (H.). Caricatures politiques, grand in-fol. 4 p.

46 **Decamps**. Œuvre de Decamps. 153 p.

47 **De Frey** (J.). La Leçon d'anatomie, Les Syndics d'Amsterdam, Tobie et l'Ange et Portraits, d'après Rembrandt, etc. 30 p., très belles ép. avant et avec la lettre.

48 **Delacroix** (Eug.). Lithographies et Gravures diverses. 15 p.; plus le catalogue de l'Exposition du boulevard des Italiens.

49 **Delaulne** (Et.). Chasse et Sujets mythologiques. 7 p., belles ép.

50 **Della-Bella**. Partie de l'Œuvre de Della-Bella. 108 p., belles ép.

51 **Denon** (V.). Le Taureau, d'après Paul Potter. Très belle ép.

52 **Denon** (V.). Son Portrait appuyé sur une statue égyptienne, Sujets et Portraits divers, gravés à l'eau-forte. 13 p., belles ép.

53 — Portraits lithographiés. 7 p.

54 **Descamps** (J.-B.). L'Amour et Psyché. 10 ép. d'artiste en différents états.

55 **Desrochers** (Et.). Le Bain de Léda. — Jupiter et Danaé, d'après le Corrège. 2 très belles ép., dont une avant la lettre.

56 **Devéria** (A.). Portraits de E. Devéria, Jules David et Léon Noël. 3 p., belles ép. sur chine.

57 — Alexandre Dumas se reposant sur un canapé. Très belle ép., avec dédicace signée.

58 — Henri Herz, L.-J. Cadier, A. Fontanay, M. Dittemer, Lemercier, imprimeur. 5 p.

59 — Portrait de Victor Hugo, 1828, in-4. 2 très belles ép.

60 — Camille Roqueplan, Léon Noël. 2 p., très belles épreuves.

61 — Le Général P. de Ségur, Abel Rémusat, de Gisors, architecte. 3 p.

62 — Portraits de Sophie Bergier, Mme Smithson, Lœtitia Bonaparte, etc. 14 p.

63 — Bessens, Fontanay, Don Valdès, Costume, etc. 11 p.

64 — Portraits de Aug. Dumas, Marandon, Chateaubriand, Henrion de Bussy, Duplat, Frayssinous, Boileau, etc. 21 p.

65 — Portrait de Femmes célèbres. 36 p.

66 **Devéria** (A.). Portraits de Gévaudan, Gentil, avocat, Le général Foy, Ant. Dubois, Bousquet-Deschamps, Benjamin Constant, Jérôme Napoléon, Manuel, Laisné de Villevesque, Lafayette, J. Koechlin, Ostervald, éditeur d'estampes, Petit, médecin, Casimir Périer, Jean-Bapt. Say, Ternaux et Guérin. 72 p., plusieurs doubles.

67 — Scènes gracieuses. 15 p.

68 — Les Filles d'Adam, Sujets gracieux, Mythologie, etc. 40 p. dont neuf coloriées.

69 — Album lithographique, Sujets de genre, Romances, Costumes, Sujets religieux coloriés, etc. 85 p.

70 **Diétricy** (D'après). Le Satyre et le Villageois, par Maleuvre. Très belle ép., toute marge.

71 **Duplessis-Bertaux**. Les Métiers, Bataille, Mendiants, etc. 26 p.

72 **Durer** (Alb.). Adam et Eve. — Pièces de la Passion. — La Vierge aux lapins, etc. 6 p. gravées sur bois.

73 **Dusart** (Corn.), La Fête de Village. Très belle épreuve.

74 **Erin Corr**. Portrait de Léopold Ier, roi des Belges. 2 très belles ép., lettres grises, dont une sur chine.

75 **Flamen** (Alb.) Oiseaux, Poissons, Ruines de la vieille Église de Vaugirard. 18 p., belles ép.

76 **Fragonard** (Th.). Sujets tirés de romans de chevalerie, Le Triomphe de l'amour, etc. 37 p.

77 **Gaildrau** (J.). Fêtes et Cérémonies de la République française en 1848. 10 p. coloriées.

78 **Galard** (G. de). Album bordelais. 15 p.

79 **Gaucher** (C.-S.). Femme nue vue de dos, couchée sur un lit, d'après Netscher, tirée de la *Galerie du Palais-Royal*. (P. et B. 12). Très belle ép. avant la lettre.

80 — Carte de visite de Mme la comtesse de Rennepont (P. et B. 165). Très belle ép., toute marge. Extrêmement rare.

81 **Gavarni**. Pièces tirées du journal des gens du monde, de l'*Artiste*, etc. 65 p. en noir et coloriées.

82 — Sujets tirés du journal l'*Artiste*, du journal des gens du monde et de différentes suites. 69 p. en noir et coloriées.

83 **Gérard-Fontallard**. Histoire d'une épingle, suite de 16 p., avec la couverture.

84 **Gibelin**. La Coalition. — Les Sources de la vie et du bonheur. 2 p., belles ép., toute marge.

85 **Gigoux** (J.). Portrait de Barye, Paul Lacroix, le prince Jules de Polignac, Alf. de Vigny, Elisa Mercœur, etc., 11 p.

86 **Gillot** (D'ap.). Arabesques. 20 p.

87 **Goltzius** (H.). Vénus et l'Amour. Très belle ép.

88 **Goya**. Une pièce de la Tauromachie (n° 2). Très belle ép.

89 **Grandville** (J.J.). Pièces tirées du journal *La Caricature*, des Animaux peints par eux-mêmes, etc. 102 p. en noir et coloriées ; plus le catalogue de la vente faite après le décès de l'artiste.

90 **Green** (V.). Le Nid, d'après Gérhard Huck. Belle épreuve.

91 **Grénier** (F.). Sujets de genre. 27 p.

92 **Guido-Reni**. Sainte Famille, La Madeleine, Enlèvement de Déjanire, etc. 6 p.

93 **Henriquel-Dupont**. Entrée de Henri IV à Paris, d'après Gérard. Belle épreuve avant la lettre.

94 **Hoermann** et G. **Adam**. Etudes de plantes et paysages gravés à l'eau-forte. 54 p.

95 **Huet** (Paul). Vues et Paysages. 12 p.

96 **Ingres**. L'Odalisque. 3 p. dont une avant la lettre.

97 **Isabey** (Eug.) et **Le Poittevin**. Marines. 28 p.

98 **Janinet**. Sujet mythologique, très petit médaillon rond. Belle ép. en couleur.

99 **Johannot** (Tony). Pièces tirées du journal *l'Artiste* et autres. 19 p.

100 **Karel du Jardin**. Animaux et Paysages. 41 p.

101 **Kauffman** (Ang.). Le Mariage de Sainte Catherine d'après le Corrège. — Vénus et Adonis. — Junon. — Hébé. — Sujets et Études diverses. 15 p., très belles ép. en bistre et en noir.

102 **Klein** (J.-A.). Son œuvre publié par Zeh'sche, à Nuremberg, en 1844. 71 p. en livraisons.

103 — Partie de son œuvre. 62 p.

104 — Portraits et Sujets d'après Holbein, Rembrandt. etc. 29 p.

105 **Lafage** (R.). Partie de l'œuvre de Raimond Lafage. 65 p., belles ép.

106 **Laguiet**. Proverbes. 85 p. en un vol. dérélié.

107 — Proverbes. 92 p.

108 **Lami** (Eug.). Souvenirs de Londres. Cahier de 12 p. coloriées, avec la couverture.

109 **Lami** (Eug.). Costumes militaires, Voitures et Feuilles de croquis. 25 p.

110 **Laugier**. Sainte-Anne, la Vierge et l'Enfant-Dieu, d'après Léonard de Vinci. Très belle ép., toute marge.

111 **Le Bas**. Feux d'artifices tirés devant l'Hôtel-de-Ville de Paris, en 1758 et 1759, etc. 4 p., belles ép.

112 **Le Bas, Aliamet**, etc. Paysages d'après Berghem, Diétricy, Hobbéma, Vanderneer, Van de Velde, etc. 12 p., très belles ép.

113 **Lebrun** (D'ap.). Batailles d'Alexandre, Compositions pour tapisseries, Amours sur des Dauphins, etc. 22 p.

114 **Leclerc** (Séb.). Paysages et Sujets divers. Figures pour apprendre à dessiner, etc. 56 p.

115 **Lecomte** (Hyp.). Fables de La Fontaine. 31 p.

116 **Lemud** (A. de). Enfance de J. Callot, Mathieu Laensberg, La Bourse, etc. 15 p.

117 **Lesueur** (E.). Vie de Saint-Bruno, Repos de Diane, Phaéton, etc. 18 p.

118 **Lignon** et Abr. **Girardet**. Naissance du duc de Bordeaux. — Derniers Moments du duc de Berry, d'après Th. Fragonard. 2 p., belles ép.

119 **Lorrain** (Claude). La Danse au bord de l'eau, Le Chevrier, Le Passage du gué, La Tempête, Mercure et Argus, etc. 20 p., dont plusieurs belles ép.

120 **Madou**. Souvenirs de Bruxelles. Suite de 7 p. coloriées, y compris le frontispice.

121 **Marilhat** et L. **Marvy**. Eaux-fortes et Lithographies. 28 p., quelques doubles.

122 **Marlet**. Tableaux de Paris. 15 p.

123 **Martial** (P.). Paris incendié. 12 p. avant la lettre.

124 **Mauperché**. Partie de l'œuvre de Mauperché. 70 p.

125 **Mercury** (P.). Les Moissonneurs, d'après Léop. Robert. Très belle ép. sur chine.

126 **Meryon** (Ch.). Le petit Pont. Très rare ép. avant toutes lettres et avant le monogramme, sur papier du Japon.

127 — La même Estampe. Belle ép. avant la lettre sur hollande.

128 — Armes de la Ville de Paris. Très belle ép. sur japon.

129 — Cartouche entouré de livres, d'armes et d'instruments de travail. Belle ép. sur chine.

130 — Le malingre Cryptogame. — Tourelle, rue de l'Ecole-de-Médecine. — Passerelle du Pont-au-Change. 3 p., belles ép.

131 **Michel-Ange** (D'ap.). Le Jugement dernier, Saint Mathieu, Arcs de voutes, etc., gravés par Chérubin Alberti, L. Gaultier, Van Aelst. 29 p.

132 **Monnier** (Henri). Mœurs administratives. Suite de 10 p. coloriées, toutes marges.

133 — Tableaux de Paris, Récréations. Pièces de *La Caricature*, etc. 8 p. coloriées.

134 — Les Quartiers de Paris, les Métiers, etc. 22 p. en noir.

135 **Moreau** le jeune. Répertoire des spectacles de la Cour, par Lempereur. Belle ép. en mauvais état.

136 **Morin** (J.) Paysages. 62 p., belles ép.

137 **Moynet.** Le Mérite des femmes. Suite de 12 lithographies coloriées; plus un exemplaire en noir.

138 **Nanteuil** (Cél.) et **Mouilleron.** Chants d'autrefois. 17 p. sans la musique.

139 **Niquet** (Cl.). Ouverture des Etats Généraux à Versailles, d'après Vény et Girardet, etc. Suite de 7 p. avant la lettre, toutes marges.

140 **Noblin.** Les heureux Succès des Ordres du Roy et du choix de ses ministres, Almanach pour l'année 1684. Belle ép., un coin déchiré.

141 **Ostade.** Œuvre complet d'Adrien Van Ostade. 53 p. Ancienne réimpression.

142 — Son œuvre complet. 53 p.

143 **Ostade** et **Téniers.** Scènes de cabaret, Fumeurs, etc. 14 p., belles ép.

144 **Paroy** (le comte de). Adresse. Belle ép. avant la lettre imprimée en bistre.

145 **Perelle.** Paysages et Vues. 46 p.

146 **Platte-Montagne** (N. de). Marines et Paysages. 108 p., belles ép., dont plusieurs en premiers états.

147 **Porporati.** Le Bain de Léda, d'après le Corrège. Très belle ép. toute marge.

148 **Poussin** (N.) Moïse sauvé des eaux, La Vierge aux fruits, Sujets de la suite de la Passion, par Claudia Stella, Sujets mythologiques et Paysages. 54 p.

149 **Preisler.** Loth et ses filles, d'après Raphaël. Très belle ép. du 1er état, avant les armes.

150 **Prieur.** Tableaux de la Révolution française. 99 p.

151 **Prudhon.** Une Lecture. Très belle ép. sur chine, toute marge.

152 **Prudhon** (D'ap.). La Volupté, par Aubry-le-Comte. Très belle ép. sur chine.

153 — Les Vendanges, par Aubry-le-Comte, L'Amour et l'Amitié, etc. 7 p.

154 **Raoux** (J.). L'Enfance, La Jeunesse par J. Moyreau. 2 p., très belles ép.

155 **Raffet**. Le Réveil. — La Grande Revue. 2 p., belles épreuves.

156 — Uniformes français. 17 p. coloriées.

157 — Lithographies et Eaux-fortes diverses. 74 p.

158 **Raphaël** (D'ap.). La Vierge d'Orléans, La Vierge à la chaise, La Vision d'Ezéchiel, Le Spasimo, par Volpato, Saint-Georges, avant toute lettre. 7 p., belles épreuves.

159 — La création d'Eve, Saintes Familles. La Vierge à la chaise, Le Massacre des Innocents, Sainte Cécile, Sujets de l'Ancien Testament, etc. 60 p.

160 — Les Heures du jour et de la nuit, gravées par Ribault, Croutelle, Thomas, etc. Suite complète de 12 pièces avant la lettre (moins la 4e heure de la nuit qui est avec la lettre.

161 — Les mêmes Estampes. 7 p., belles ép.

162 **Régnier** (Aug.). Habitations des Personnages les plus célèbres de France, lithographiées par Champin. 50 p. sur chine.

163 **Régnier** (J.). Récréations enfantines, d'après Désandré. 24 p. coloriées.

164 **Rembrandt**. Figure polonaise (Cl. 139). Belle ép.

165 — Le Dessinateur d'après le modèle (Cl. 189). Belle épreuve.

166 **Rembrandt**. La Liseuse (Cl. 335). Belle ép.

167 **Ribéra** (Jos.). Saint Jérôme, saint Pierre, la Descente de croix, Silène ivre, Satyres, Études de figures, etc. 18 p. gravées à l'eau-forte dont plusieurs en 1er état.

168 **Robert** (Léop.). Lithographies diverses. 28 p.

169 **Roos** (D'après). Moutons et Chèvres. 8 p. (2 ex.).

170 **Roqueplan** (C.). Sujets tirés de l'*Artiste* et autres. 39 p.

171 **Rubens** (D'après). La chaste Suzanne, par Marck. Très belle ép. avant la lettre, grande marge.

172 **Saenrédam** (J.). Vertumne et Pomone, d'après Bloémart. Très belle ép.

173 **Saint-Igny**. Figures au naturel tant des vêtements que des postures des gardes françaises. Suite de 9 p., belles ép., avec entourage.

174 **Salvator Rosa**. Costumes militaires et autres. 42 p.

175 **Scheffer** (Ary). La Marseillaise, Françoise de Rimini, le Départ et le Retour, etc. 15 p.

176 **Schenau**. La Mesure, la Marchande d'hannetons, par J. Varin. 2 p. à la sanguine.

177 **Schlotterbeck**. Vues du Pratter, à Vienne. — Schonbrünn. 5 p. en bistre, belles ép.

178 **Schoën** (Martin). Deux Hommes marchant de compagnie (B. 90). Belle ép. Coll. P. Vischer.

179 — Les Cochons (B. 95). Belle ép. Coll. P. Vischer.

180 **Simonneau** (C.). Sujet allégorique sur le Mariage du duc de Bourgogne, d'après Sébastien Leclerc. 2 très belles ép. dont une avant la lettre.

181 **Smith** (Johan). Jupiter et Io, Neptune et Amphitrite, Pluton et Proserpine, Apollon et Daphné, Mars et Vénus, Vulcain et Cérès, Bacchus et Adriane, Cupidon et Psyché, Hercule et Déjanire, d'après Le Titien, in-fol. Cahier de 9 p. avec un frontispice. Très belles épreuves.

182 **Tanjé**. Intérieur d'auberge, d'après Troost. Ép. non terminée, avant toutes lettres.

183 **Tardieu** (N.). Sujets religieux de l'Ancien et du Nouveau Testament. 148 p.

184 **Téniers** (D'après). David Téniers et sa Famille, par Le Bas. Très belle ép.

185 — Le Déjeuner flamand, les Délices de la tabagie, les Pêcheurs flamands, par Le Bas, Tardieu et Sornique. 3 p., très belles ép.

186 **Vauquier**. Livre de toutes sortes de fleurs d'après nature. 45 p.

187 **Vendramini**. La Vierge avec l'enfant Jésus et sainte Catherine, d'après Paul Véronèse. Ép. avant la lettre, toute marge.

188 **Villot** (Fréd.). Œuvre de Frédéric Villot, sujets gravés à l'eau-forte, d'ap. Eug. Delacroix et autres. 77 p. en épreuves d'essai de différents états.

189 **Waterlo** (Ant.). Paysages. 24 p., belles ép.

190 — Paysages. 48 p., dont plusieurs très belles ép.

191 **Waterlo** et **Weirotter**. Paysages. 37 p., belles épreuves.

192 **Wille** (J.-G.). François Chicoyneau, d'ap. P. Lesueur. — Portrait d'homme coiffé d'un chapeau. 2 p., belles épreuves.

193 **Gravures diverses.** Adam et Ève, par et d'après Lucas de Leyde, Goltzius, Rembrandt, Corn. de Haarlem, Raphaël, Gérard de Lairesse, Natoire, Martin de Vos, etc. 47 p.

194 — Suzanne et les Vieillards, d'après Le Guide, de Troy, Vanderwerf, etc. 13 p.

195 — Joseph et Putiphar, Loth et ses Filles, par Luca Jordano, Carle Maratte, R. Cosway, Sadeler, Le Dominiquin, Michel-Ange de Caravage, etc. 16 p.

196 — Les Trois Grâces, Vénus, Danaé, Diane et Actéon, etc., d'ap. Goltzius, Le Titien, Rubens, etc. 18 p.

197 — La chaste Suzanne, Jupiter et Antiope, Loth et ses Filles, Danaé, le Jugement de Pâris, Mars et Vénus, le Bain de Léda, d'après Vien, Vanderwerf, Rubens, Annibal Carrache, Le Corrège, etc. 18 p., très belles ép., dont quatre avant la lettre.

198 — Bois du XVIe siècle. Grande Pièce symbolique sur la Religion réformée, avec portraits de Luther, Mélancton et autres. — Sujets rustiques. — Marche de paysans. — L'Adoration des bergers. — Saints et Saintes. — Les Péchés capitaux, etc. 10 p.

199 — Gravures sur bois de l'École allemande du XVIe siècle. 98 p.

200 — Gravures anciennes des Écoles allemande et italienne, pièces sur bois et en camaïeu. 20 p., dont plusieurs coloriées.

201 — De l'École italienne gravées en camaïeu. 70 p.

202 — Gravures sur bois par Hans Baldung, Burckmair, Beham, etc. 12 p.

203 ***Gravures diverses*** de l'École de Marc-Antoine Raimondi. 26 p.

204 — Par David Hopfer, Le Bourguignon, George Pencz, Wiérix, etc. 30 p.

205 — Gravures de l'École de Fontainebleau. 42 p.

206 — Par et d'après Réné Boyvin, Le Primatice, Le Mantuan, Michel-Ange, Th. Dirk, etc. 22 p.

207 — D'après Chapron, Coypel, Séb. Bourdon, Carle Maratte, L. de Boulogne, Jouvenet, Michel-Ange des Batailles, etc. 32 p.

208 — D'après Gérard de Lairesse, Simon Vouet, Miéris, Michel-Ange, Rubens, Le Titien, Verkolie, Parrocel, B. Picart, J. Jordaens, Wouvermans, etc. 65 p., plusieurs avant la lettre.

209 — Séb. Bourdon, Le Brun, Mellan, Parizeau, Simon Vouet, Bartch, Fiessinger, Höfel, F. John, etc. 69 p.

210 — L. de la Hyre, Le Pautre, Nic. Loir, Manglard, J.-B. Corneille, P. Mignard. Fr. Perrier, Guaspre Poussin, Stella, Subleyras, Vivarès, Simon Vouet, etc. 109 p.

211 — D'après l'Albane, J. Bellange, Coypel, le Poussin, Raphaël, Le Titien, Rembrandt, Swanevelt, Carlo Cignani, Le Guerchin, etc. 93 p.

212 — Anciennes et modernes, d'après Joseph Vernet, Oudry, P. Mignard, Le Poussin, E. Lesueur, Schnetz, Costumes militaires, Lithographies coloriées, etc., grand in-fol. 34 p.

213 — Gravures d'après de Troy, Ribéra, Léonard de Vinci, Rembrandt, Vélasquez, etc. 45 p.

214 **Gravures diverses.** Sujets religieux d'après P. Véronèse, le Dominiquin, Rubens, Le Corrège, Le Brun, etc. 20 p., dont deux avant la lettre.

215 — Par et d'après Bonasone, Polidore de Caravage, Le Tintoret, Le Maître au Dé, Jules Romain, Le Mantuan, etc. 46 p.

216 — Sujets religieux et autres, en grande partie de l'École italienne. 211 p.

217 — Gravures anciennes d'après Raphaël, Le Guerchin, Ann. Carrache, Polidore, l'Albane, Le Dominiquin, etc. 36 p.

218 — D'après Le Titien, P. Véronèse, Daniel de Volterre, Le Tintoret, André del Sarte, J. Palma, etc. 24 p.

219 — Par et d'après Marc-Antoine Raimondi, Perin del Vaga, Marc de Ravenne, Martin Rota, Enée Vico, Le Titien, etc. 33 p.

220 — D'après Michel-Ange, Goltzius, Sadeler, Le Primatice, Perin del Vaga, etc. 22 p.

221 — Le Parmesan, Guido Reni, Carle Maratte, les Carrache, L. de Lahyre, Bouchardon, etc. 107 p.

222 — Eaux-Fortes anciennes de l'École italienne. 46 p.

223 — Gravures de l'École italienne, Fac-similé de nielles, etc. 69 p.

224 — Eaux-Fortes et Gravures diverses des Écoles française et italienne du XVIIe siècle. 93 p.

225 — Gravures anciennes par Réné Boyvin, Ph. Galle, Heemskerk, Matham, Crispin de Passe, Hutin, de Favanne, Parrocel, etc. 98 p.

226 — D'après Adr. Van de Velde, Téniers, J. Fyt, Ostade, Ruysdaël, etc. 49 p.

227 ***Gravures diverses.*** Portraits et Sujets par Rembrandt et F. Bol. 7 p.

228 — Paysages et Sujets par Poelemburg, Weirotter, Swanevelt, Corneille Dusart, Klein, H. Cock, Wéeninx, etc. 60 p.

229 — Paysages et Animaux par Kolbe, Preisler, Schnor, Tornau, Zingg, etc. 49 p.

230 — Paysages anciens. 124 p.

231 — Animaux, d'après Berghem, Paul Potter, Verboeckhoven, Fritz Muller, Alb. Cuyp, etc. 129 p.

232 — Sujets mythologiques. 30 p.

233 — Sujets mythologiques, Études, Statues. 68 p.

234 — Embryologie, Monstres, Pièces sur la mort, etc. 68 p.

235 — Gravures diverses anciennes. Environ 100 p.

236 — Gravures de l'École française du XVIIIe siècle. 35 p. en noir et en couleur.

237 — Par Bartolozzi, Maria Cosway, Westall, etc. 20 p. en noir et en couleur.

238 — Estampes tirées des Cabinets Le Brun et Poulain. 124 p., belles ép.

239 — Pièces tirées des mêmes ouvrages. 31 p. avant la lettre.

240 — Deux Volumes contenant environ 150 Gravures anciennes.

241 — Gravures anciennes et modernes avant la lettre ou à l'eau-forte pure. 26 p.

242 — diverses, la plupart modernes. 33 p.

243 — Gravures diverses, Vues, etc. Environ 150 p.

244 ***Gravures diverses.*** Pièces historiques : Le Colloque de Poissy. — Massacre de Henry le Grand, par Ravaillac, le 14 mai 1610. — La Chambre du Trépas de Louis XIV. — Réception des Prévôt et Échevins de Paris par Louis XIV, en 1660. — Le grand Condé recevant la soumission de la Hollande. — Le grand Hiver de 1709. — Rue Nicaise, le 3 nivôse an IX, etc. 16 p.

245 — Pièces historiques sur le financier Law et la rue Quincampoix. 18 p.

246 — Costumes de femmes de l'époque Louis XIII, sous la figure des Saisons, des quatre Parties du jour, des Heures du jour, des cinq Sens, etc. 32 p., belles ép.

247 — Gravures de l'époque Louis XIII, Costumes, Métiers, Scènes de mœurs, Proverbes, par A. Bosse, Saint-Igny, H. David, Goltzius, P. de Jode, Crispin de Passe, etc. 111 p.

248 — Cris de Paris, époque Louis XIII. 10 p.

249 — Costumes militaires anciens. 22 p.

250 — Équitation. — Exercices de cavalerie. — Caractères des Passions de l'âme, de Le Brun. — Figures antiques, d'après François Perrier. 53 p.

251 — Le Père Girard et La Cadière. 4 p.

252 — Sujets tirés du bon genre et du Musée grotesque. 6 p. coloriées.

253 — Pièces sur la Révolution et la République de 1848. 47 p.

254 — La Mort du duc d'Orléans. — Translation des cendres de Napoléon Ier. 17 p. lithographiées.

255 — Frontispices sur bois du XVIe siècle. 68 p.

256 — Marques d'imprimeurs. 27 p.

257 ***Gravures diverses*** sur bois tirées d'ouvrages du xvie siècle. Environ 150 p.

258 — Têtes et Fins de pages, Frises et Entourages de livres des xviie et xviiie siècle. Environ 100 p,

259 — Alphabets et Lettres ornées. Environ 850 p.

260 — Frontispices anciens, par L. Gaultier, Grégoire Huret, Séb. Leclerc, Audran, Chauveau, etc. 41 p.

261 — Modèles d'écritures du xviiie siècle. Environ 30 p. gravées et manuscrites.

262 — Affiches anciennes, Couvertures, Prospectus, Brevets, etc. Environ 50 p.

263 — Ex libris, Invitation de l'Académie de saint Luc, Calendrier de 1819, etc. 7 p.

264 — Portraits d'Erasme et de Luther, en pied, Geiler, Léonard de Thurnes, etc., gravés sur bois. 6 p.

265 — Claude de Bullion, Henry de Schomberg, Abel Servien, Sully, de Thou, etc., in-12. 9 p.; belles ép.

266 — Portraits de Raphaël, copie de Marc Antoine, Denon par lui-même, Van Schuppen, par Van der Bruggen, et autres gravés et lithog. 16 p.

267 — Personnages célèbres en pied, avec emblèmes. in-fol. 24 p. tirées d'un ouvrage.

268 — Dames et Seigneurs allemands, gravés sur bois. 4 beaux portraits in-fol.

269 — Princes et Princesses de la Maison d'Autriche, gravés sur bois. 80 p,, très belles ép.

270 — Très petits Portraits de Personnages de la Révolution, imprimés sur satin. 32 p.

271 — Portraits par Roger, Tardieu et J. Porreau. 120 p. en mauvais état.

272 **Gravures diverses.** Césars et Personnages de l'antiquité. Environ 200 p.

273 — Portraits anciens tirés de différents ouvrages. Environ 200 p.

274 — Les Rois de France, Notices tirées des Galeries historiques de Versailles, avec vignettes sur bois dans le texte. 1 vol. in-8 en feuilles.

275 — Eaux-fortes modernes par Carpeaux, Roybet, Mlle Niel, Martial, Jouy, etc. 22 p.

276 — Par Ch. Jacque, Cél. Nanteuil, Daubigny, E.-H. Langlois, Roëhn, de Frey, Valério, etc. 66 p.

277 — Eaux-fortes, Gravures modernes et Lithographies. 91 p.

278 — Costumes militaires gravés à l'eau-forte, in-8. 28 p.

279 — Lithographies par Victor Adam, Louis Boulanger, Charlet, Gudin, Ch. Jacque, H. Bellangé, Raffet, Eug. Delacroix, etc. 58 p.

280 — Par Alaux, Aubry-le-Comte, Bonnington, L. Boilly, Colin, Coupin, Court, Coutan, P. Guérin, Gros, Léon Noël, Rambert, Vallou de Villeneuve, etc. 117 p. en noir et coloriées.

281 — Par P. Delaroche, Desenne, Gigoux, H. Garnier, Géricault, etc. 61 p.

282 — Par Ingres, Hersent, J. Isabey et Meissonnier. 12 p.

283 — Sujets gracieux et Scènes de mœurs, d'après Devéria, Ch. Vernier, E. de Beaumont, Ed. Lièvre, H. de Montaut, Grévedon, etc. 37 p. coloriées.

284 — Sujets gracieux et mythologiques, Études, etc. 61 p.

285 **Gravures diverses.** Sujets gracieux lithographiés. 24 p. coloriées.

286 — Mythologie, Sujets gracieux et Études d'après nature. 135 p.

287 — Costumes de modes et Caricatures de l'époque de la république de 1848. Environ 100 p. gravées sur bois.

288 — Lithographies, Eaux-fortes et Gravures diverses. 86 p.

289 — Gravures à l'eau-forte et au burin, Lithographies et Bois anciens. Environ 80 p.

290 — Gravures et Lithographies, gr. in-fol. 81 p.

291 — Lithographies diverses. Environ 150 p.

292 — Gravures anciennes et modernes. Environ 800 p.

VUES

293 **DESSINS.** Vue intérieure de Notre-Dame de Paris, pendant une Conférence du P. Lacordaire, en 1849. Très beau dessin à l'aquarelle. Plus 14 croquis.

294 — Vue du Louvre au XIVe siècle. — Pavillon de la cour du Louvre. — Château des Tuileries — L'Institut. — Place de la Concorde. 5 très jolis dessins à la sépia.

295 — Portail du Château d'Anet (École des Beaux-Arts). — Façade de l'Hôtel de Ville de Paris. — Hôtel de Cluny. — Tourelle de l'hôtel de La Trémouille. — Hôtel de Soissons. 5 très jolis dessins à la sépia.

96 **DESSINS.** Fontaine des Innocents à Paris. — Pilori des Halles, en 1471. — La Tour du Temple. — Porte Saint-Denis. — Façade de l'École de Médecine. — Cour de l'Hôtel des Invalides. 6 très jolis dessins à la sépia.

297 — Vue du Pont Saint-Michel, en 1624. — Portail de Notre-Dame de Paris. — Abside de Notre-Dame. — La Sainte-Chapelle. — Le Panthéon. — Ancien Portail de l'église de Sainte-Geneviève. — Saint-Étienne-du-Mont — Jubé de l'église Saint-Étienne-du-Mont. 8 très jolis dessins à la sépia.

298 — Église Saint-Germain-l'Auxerrois. — Église du Saint-Sépulcre. — Intérieur de l'église Saint-Germain-des-Prés. — Portail de Saint-Sulpice. — Réfectoire de Saint-Martin-des-Champs. — Intérieur de la Chapelle du Val-de-Grâce. — Église de Montmartre. — Chapelle de Vincennes. — Tombeau d'Héloïse et d'Abélard. 9 très jolis dessins à la sépia.

299 — Vues du Louvre et des Tuileries. — Palais du Luxembourg. — Façade du Palais de Justice et Salle des Pas-Perdus. — La Samaritaine. — Église Notre-Dame. — Saint-Gervais. — Portail de Saint-Merri. — La Madeleine. — Portail de Saint-Eustache. — La Tour de Jean sans Peur. — Plans et Coupe de la Bastille. — Tombeaux. 19 jolis dessins à la mine de plomb. Plus 19 croquis.

Tous ces dessins ont été faits et gravés vers 1840.

300 — La Colonnade du Louvre, Église Saint-Germain-l'Auxerrois, par Chapuy. 4 jolis dessins à la mine de plomb et à la sépia.

301 **Chastillon** (Cl.). L'Excellent Bastiment de la Tour de Cordouan, grand in-fol. Très belle ép.

302 **Gaultier** (L.). Petite Vue de Paris. Belle ép.

303 — Démolition de la Bastille, le 12 août 1789. — Plan de la Bastille. 2 p. en bistre, belles ép.

304 **Janinet.** 1re et 2e Vues du Louvre, l'Hôtel des Monnaies, 1re et 2e Vues de l'Hôtel des Invalides, Cour du Louvre, vues du Palais-Royal du côté de la place et sur le jardin, in-fol. 8 p. en couleur, belles ép.

305 — Petites Vues de Paris en largeur, Théâtre Feydeau, Tivoli, Théâtre de l'Opéra-Comique, Frascati, Palais du Tribunat, Jardin et Café turc sur le boulevard du Temple. 9 p. en couleur.

306 **Lantara** (D'après). Petites Vues de Paris et des environs, gravées sous la direction de Le Bas. 47 p. en bistre et en noir, à trois sur la feuille.

307 **Le Campion** et **Janinet**. Petites Vues de Paris. 12 p. en couleur.

308 **Leclerc.** Vues de plusieurs petits endroits des faubourgs de Paris. Cahier de 12 p., belles ép., plus deux copies.

309 **Marot** (Jean). Façade de l'Hôtel-de-Ville de Paris, Entrée du pont dormant de la porte Saint-Antoine, Vaisseau et pièces d'artifice, in-fol. 3 p.

310 — Église Notre-Dame, Saint-Germain-l'Auxerrois, Saint-Eustache, Hôtel de Conti, Hôtel de La Vrillière, etc. 16 p.

311 — Portail de Saint-Gervais, Saint-Jacqnes-du-Haut-Pas, Les Feuillantines, Façade et Cour des Invalides, Les Prémontrés du Faubourg-Saint-Germain, Saint-Pierre de Rome. 8 p.

312 — Églises de Paris. 21 p.

313 **Marot** (J.). Obélisques et Arcs de triomphe. 12 p.

314 — Hôtel de Chevreuse, Maison de M. de Laigle, Hôtel de Lorge, Hôtel de Ludes, Hôtel de Lyonne, Hôtel du duc de Mortemart, Hôtel de Roquelaure, etc. 15 p.

315 — Maison du Président Lambert, Hôtel de Ludes. 15 p.

316 — Profils et élévation du château de Turny, en Bourgogne. 9 p.

317 — Plans, Coupes et Élévations de plusieurs Palais, Églises, Châteaux bâtis dans Paris et aux environs, 83 p.

318 **Martinet.** Petites Vues de Paris. 31 p., dont plusieurs à deux sur la feuille.

319 **Née**. Vues de Paris, tirées du Voyage de De Laborde. 29 p.

320 **Pérelle.** Vues de Paris. 19 p., très belles ép., toutes marges.

321 — Vues du Château et des Jardins de Chantilly. 16 p., belles ép.

322 — Vues du Château et du Parc de Saint-Cloud. 11 p., belles ép.

323 — Vues de Paris et des environs. 15 p.

324 **Silvestre** (Isr.). Vues de la Tour de Nesle et de l'Hôtel de Nevers, Jardin des Tuileries, La grande Galerie du Louvre, Le Luxembourg, Château de Vincennes. 8 p., très belles ép.

325 — La Tour neuve de l'Hôtel du Grand-Prévôt, Vue du Louvre, l'Hôtel de Nevers, La Tour de Nesle et le Louvre, Les Galeries du Louvre, Église royale de Saint-Germain-l'Auxerrois. 6 p., très belles ép.

326 **Silvestre** (Isr.). Église des Quinze-Vingts, La Tour de Nesle et la Galerie du Louvre, Saint-Germain-l'Auxerrois, Notre-Dame, Église des Carmes-Déchaussées, Porte Saint-Bernard, Les Tuileries, Le Luxembourg, L'Ile Louviers, Saint-Martin-des-Champs, etc. 23 p.

327 **Tassin.** Plans et Profils des principales Villes de la province de Bourgogne. 22 p.

328 **Vues de Paris.** *Bastille.* Plans et Vues anciennes de la Bastille, Prise de la Bastille, La Porte Saint-Antoine, par Aveline, Pérelle, etc. 49 p.

329 — *Hôtel-de-Ville.* Façade de l'Hôtel-de-Ville, par Boisseau, Scotin, Mérian, Aveline, Janinet, etc. 29 p.

330 — *Institut.* Vues du collège des Quatre-Nations, par Lucas, Hérisset, Pérelle, etc. 24 p.

331 — *Invalides.* Vues de l'Hôtel et du Dôme des Invalides, Vues de l'École militaire, par Aveline, N. De Fer, Lepautre, Janinet, Pérelle, etc. 73 p.

332 — Vues et détails de l'Hôtel et du Dôme des Invalides, à Paris, chez De Fer. 10 p.

333 — *Jardin des Plantes.* Vues du Jardin royal des Plantes, par Pérelle, Chapuis, Aubertin, etc. 38 p.

334 — *Louvre.* Vues de l'ancien Louvre, La Colonnade, La Cour carrée, Le Jardin de l'Infante, Le Musée royal, Illumination des Galeries du Louvre pour la Naissance du duc de Bourgogne, le 25 août 1682, Vues d'ensemble et détails. 140 p.

335 — *Luxembourg.* Palais du duc d'Orléans, par Mérian, Pérelle, Silvestre, Chaufourier, Aveline, Chapuy, etc. 51 p.

336 **Vues de Paris**. *Notre-Dame*. Vues du Portail et de l'Abside de Notre-Dame de Paris, Vues intérieures, Autels, Tombeaux, Plans et détails d'architecture, L'HôtelDieu, etc. 101 p.

337 — *Observatoire*. Vues et Plans de l'Observatoire. 20 p.

338 — *Palais-de-Justice*. Vues du Palais-de-Justice, de la Sainte-Chapelle, Le Petit-Châtelet, Tour Saint-Jacques, etc. 65 p.

339 — *Palais-Royal*. Façade du Palais-Royal, Vues du côté du Jardin, Le Fort royal, par Silvestre, Mérian, Aveline, Berthault, etc. 50 p.

340 — *Place royale*. Vues anciennes de la Place royale. 22 p.

341 — *Pont-Neuf*. Vues et perspectives du Pont-Neuf et de la place Dauphine, Statues de Henri IV, par Scotin, Simonneau, Pérelle, Aveline, Mérian, etc. 53 p.

342 — *Sorbonne*. Vues de la Sorbonne, par Jean Marot, Hérisset, Janinet, Pérelle, Aveline et autres. 43 p.

343 — *Temple*. La Tour du Temple, par divers, La Cour et l'Église du Temple, par Silvestre et Mérian, etc. 27 p.

344 — *Tour de Nesle*. Vues de la Tour de Nesle et de l'Hôtel de Nevers, par Silvestre, Callot, Mérian, etc. 25 p.

345 — *Tuileries*. Vues et Plans du Palais et du Jardin des Tuileries, par Aveline, Boisseau, Mérian, Pérelle, Fr. Chauveau, Chapuy, Janinet et autres. 80 p.

346 **Vues de Paris**. Arc de Triomphe du Faubourg Saint-Antoine. 20 p.

347 — Porte Saint-Denis et Porte Saint-Martin, par Pérelle, Chapuis et autres. 38 p.

348 — Barrière de Neuilly et Arc de Triomphe de l'Étoile, Bas-reliefs, Feu d'artifice, Arc de Triomphe du Carrousel, etc. 25 p.

349 — Anciennes barrières de Paris, par Gaitte, Chapuis, Ransonnette, etc. 66 p., dont plusieurs sur une même feuille.

350 — Vues de l'Église Saint-Germain-l'Auxerrois, Saint-Eustache, Saint-Gervais, Saint-Roch, par J. Marot, Cl. Riolet, Lucas, Mérian, Rouargue, etc. 94 p.

351 — Vues de Saint-Germain-des-Prés et de Saint-Sulpice, par Hérisset, Lucas, Charpentier, Mérian, etc. 56 p.

352 — Vues du Panthéon, Ancienne Église de Sainte-Geneviève, Saint-Étienne-du-Mont. 50 p.

353 — Église de l'Assomption et Porte Saint-Honoré, Église des Blancs-Manteaux, Les Capucins de la Chaussée-d'Antin, Église des Carmes, Couvent des Chartreux, Portail des Feuillants, Église des religieux de la Mercy, La Madeleine, Église des Minimes, Abbaye de Montmartre, Les Petits-Pères de la place des Victoires, etc. 73 p.

354 — Saint Benoît, Sainte Élisabeth, Le Noviciat des Jésuites, Chapelle de Saint-Jean-en-Grève, Saint-Sauveur, Saint-Séverin, Saint-Victor, Saint-Thomas-du-Louvre, Destruction des communautés de Sainte-Barbe, Abbaye de Panthémont, Saint-Julien-des-Ménétriers, Saint-Merry, Saint Philippe-du-Roule, etc. 117 p.

355 **Vues de Paris.** La Samaritaine du Pont-Neuf, Fontaine des Innocents, Le Château d'Eau, La Fontaine de la rue de Grenelle, Fontaine des Carmes, Fontaine Saint-Victor et autres. 69 p.

356 — Hôtel de Cluny, Palais des Thermes, Hôtel des Monnaies, École des Beaux-Arts, Façade de l'École de médecine, La Bourse, Le Palais Bourbon, etc. 83 p.

357 — L'Hôtel d'Angoulême, Hôtel d'Aumont, Hôtel de Beauvais, rue Saint-Antoine, Hôtel de Bretonvilliers, Hôtel de Chevreuse, Hôtel de Condé, Hôtel de Cossé, Maison du marquis de Dangeau, L'Élysée Bourbon, Maison de M. Henselin, Hôtel du Commandeur de Gert, Hôtel de La Vrillière, Hôtel de Liancourt, Hôtel de Matignon, Hôtel de Noailles, Hôtel Saint-Paul, Hôtel de Soissons, Hôtel de Soubise, Hôtel de Vendôme, etc. 77 p.

358 — Vues du Val-de-Grâce, L'Hôpital Saint-Louis, La Salpétrière, Entrée des Salles de la Charité, L'Hôpital des Suisses, Les Incurables, etc. 55 p.

359 — Vues de la Statue de Louis-le-Grand et de la place des Victoires, par Aveline, Janinet, Martinet, Scotin, etc. 32 p.

360 — Place Louis XV avec la Statue, Place de la Concorde, Place Vendôme, Colonne de la place Vendôme, Bas-reliefs et médailles. 52 p.

361 — Pont Louis XVI, Pont des Invalides, Pont-Royal, Pont et Ile Notre-Dame, Vue et Perspective du Mail, Pont-Rouge, Pont de la Cité, Pont-au-Change, Ile Saint-Louis, La Pompe Notre-Dame, etc. 71 p.

362 — Porte de la Conférence, Portes Saint-Antoine, Saint-Bernard, Saint-Honoré, Portes Saint-Jacques et Saint-Victor. 29 p.

363 **Vues de Paris**. La Comédie-Française, L'Odéon, L'Opéra-Comique, Les Variétés, etc. — Marchés Saint-Germain, des Innocents, Le Pilori des Halles, etc. 54 p.

364 — Cimetières, Tombeaux, Catacombes. 113 p.

365 — Anciennes Vues et Profils de Paris, des XVIIe et XVIIIe siècles. 26 p.

366 — Vues de Paris anciennes, in-fol. 41 p.

367 — Plans de Paris, de la fin du XVIIIe siècle. 12 p.

368 — Plans de Paris par quartiers et Cartes des environs. 38 p.

369 — Vues anciennes, tirées d'un ouvrage de géométrie, in-8. 52 p.

370 — Vues de Monuments de l'ancien Paris. 124 p. in-4, tirées d'un ouvrage.

371 — Vues de Montmartre, Passy, Chaillot, Bicêtre, Bois de Boulogne, etc. 69 p.

372 — Vues de Paris et de France, gravées d'après le daguerréotype Lerebours. 71 p.

373 — Vues de Paris, modernes. in-fol. 58 p.

374 — Vues diverses. 140 p.

375 — Vues de Paris, Vues de France et étrangères, in-fol. 58 p.

376 **Vues de France**. *Amiens*. Vues et plans d'Amiens, la Cathédrale, Saint-Remy, etc. 16 p.

377 — *Angers*. Anciennes vues d'Angers, Portail de la Cathédrale de Saint-Maurice, Hôtel des ducs d'Anjou, etc. 10 p.

378 — *Arcueil*. Vues de l'Aqueduc d'Arcueil, Maison de M. de Benserade, Restes d'un Aqueduc romain. 15 p.

379 **Vues de France.** *Beauvais.* Vues par Chastillon, Née, Bonvallet, Villeneuve, etc. 28 p.

380 — *Besançon.* Vues anciennes et modernes, Plans, Ancien Arc de Triomphe, Saut-du-Doubs, etc. 30 p.

381 — *Blois.* Château de Blois, Vues anciennes de la ville et des environs. 12 p.

382 — *Bordeaux.* Profils et vues cavalières de la ville de Bordeaux, la Cathédrale, le Grand-Théâtre, le Château Trompette, etc. 22 p.

383 — *Bourg.* La Ville et la Citadelle de Bourg-en-Bresse, par Chastillon, Eglise de Brou et Vues diverses tirées du Voyage de Laborde. 9 p.

384 — *Bourges.* Vues anciennes, Portail de l'Église cathédrale de Saint-Etienne, etc. 12 p.

385 — *Brest.* Vues et Plans de la rade et du port de Brest, Vues des Corderies par Ozanne, etc. 24 p.

386 — *Cambrai.* Hôtel-de-Ville de Cambrai, Notre-Dame, Vues et Plans anciens. 14 p.

387 — *Chambord.* Château royal de Chambord, par Aveline, Pérelle, Renoux et autres. 18 p.

388 — *Chantilly.* Vues du Château et des Jardins de Chantilly, par Pérelle et autres. 56 p.

389 — *Charenton.* Le Pont de Charenton, le Temple et le Moulin, par F. Sylvestre, Martinet, Séb. Leclerc, Lesueur, etc. 17 p.

390 — *Chartres.* Vues anciennes et modernes, Notre-Dame de Chartres, Portraits de Marceau, etc. 204 p.

391 — *Compiègne.* Anciennes vues de la ville de Compiègne, La Tour de César, l'Hôtel-de-Ville, La Forêt, etc. 18 p.

392 **Vues de France.** *Dijon.* Eglise Saint-Michel à Dijon, Fontaine Saint-Bernard, par Silvestre, etc. 7 p.

393 — *Douai.* Vues et Plans de Douai, la Maison de ville, Le Fort de Lescarre, etc. 17 p.

394 — *Dunkerque.* Vues anciennes de la ville et du port de Dunkerque, Plans de la Citadelle. Médailles commémoratives, etc. 37 p.

395 — *Ermenonville,* Château d'Ermenonville, Tombeau de J.-J. Rousseau. 15 p.

396 — *Fontainebleau.* Château et Jardins de Fontainebleau, par Ducerceau, Pérelle et Aveline. 27 p.

397 — *Grenoble.* Vues et Plans de Grenoble, par Sylvestre Pérelle, Mérian, Tassin, etc. 22 p.

398 — *Issy.* Vues et détails du Château d'Issy. 13 p.

399 — *Laon.* Vues de Laon, tirées du Voyage de De Laborde et autres. 12 p.

400 — *La Rochelle.* Vues anciennes et plans du port de La Rochelle. 13 p.

401 — *Liancourt.* Le Château et les Jardins de Liancourt, par Pérelle et autres. 10 p.

402 — *Lyon.* Vues cavalières, profils et plans de Lyon et des environs, L'Hôtel-de-Ville, Eglise Saint-Jean. la Place Royale, N.-D. de Fourvières, par Silvestre, Mérian, De Fer, etc. 73 p.

403 — *Marseille.* La ville et le port de Marseille, vues anciennes. Procession à Notre-Dame-de-la-Garde, Le Lazaret, etc. 30 p.

404 — *Metz.* Cathédrale de Metz, vues et plans. 10 p.

405 — *Meudon.* La Grotte de Meudon, par Chastillon et Jean Marot, Le Château, par Aveline, Pérelle, Mérian, etc. 45 p.

406 **Vues de France.** *Montpellier*. Vues anciennes et profils, gravés sur bois et sur cuivre. 14 p.

407 — *Mont-Saint-Michel*. Abbaye et Château du Mont Saint-Michel, par Tassin, Mérian, Coquart, Boisselat, etc. 14 p.

408 — *Nancy*. Vues et plans, la Place Royale, etc. 13 p.

409 — *Nantes*. Profils de la Ville de Nantes, la Place Graslin. Nantes et ses environs, par Deroy, etc. 39 p.

410 — *Nevers*. Profils et plans anciens. 7 p.

411 — *Nimes*. Vues de la ville, la Maison-Carrée, le Pont du Gard, etc. 23 p.

412 — *Orléans*. Vues et plans anciens, Eglise Ste-Croix, Monument de la Pucelle, Environs d'Orléans, par Desfriches, etc. 66 p.

413 — *Perpignan*. Vues anciennes, Vues tirées du voyage de De Laborde, etc. 21 p.

414 — *Poissy*. Vues anciennes et modernes. 11 p.

415 — *Rennes*. Profils de la ville de Rennes, l'Hôtel-de-Ville, etc. 10 p.

416 — *Rouen*. Anciennes vues et profils de Rouen, la Cathédrale, St-Ouen, Rue de la Grosse-Horloge, etc. 46 p.

417 — *Saint-Cloud*. Château, Parc, Cascade, par Sylvestre, Pérelle, Mérian, etc. 34 p.

418 — Vue du Château et du parc de St-Cloud, gr. in-fol. 3 p. dont deux en couleur.

419 — *Saint-Denis*, par Aveline, Martinet, Chapuy, Deroy. 36 p.

420 — *Saint-Malo* et *Saint*-*Servan*, par Crépy, Mérian, Ozanne, 18 p.

421 **Vues de France.** *Sceaux*, par Pérelle et Lespinasse. 6 p., dont deux avant la lettre.

422 — *Senlis*, par Chastillon, Mérian, Monnet, Paris. 14 p.

423 — *Soissons*. Vues tirées du Voyage de De Laborde et autres. 30 p.

424 — *Strasbourg*. Vues anciennes, Profils et Plans, Clocher de la cathédrale, Horloge astronomique, etc. 58 p.

425 — *Tours*. Vues et Profils, Cathédrale, Saint-Symphorien, etc. 22 p.

426 — *Valenciennes*. Vues à vol d'oiseau, Plans de la Citadelle, Hôtel-de-Ville, etc. 19 p.

427 — *Vaux-le-Vicomte*. Jardins et Château de Vaux, par Aveline et Pérelle. 21 p.

428 — *Versailles*. Vues et Plans de la Ville, du Château et du Parc de Versailles, par Aveline, Pérelle, Hérisset, Girard et autres. 259 p.

429 — *Vincennes*. Château et Parc de Vincennes, par Boisseau, Pérelle, Mérian, Ducerceau, etc. 51 p.

430 — Vue d'Abbeville par Chastillon, Abbaye royale de Saint-Amand, Aire, Aix, Alize, Sainte-Reine, Château d'Ancy-le-Franc, Château d'Anet, Angoulême, Château de la Reine-Blanche à Asnières près Beaumont, Panorama d'Alger, etc. 51 p.

431 — Arbois, Ardres, Vue d'Argenteuil, Arras, Auch, Autun, Avignon, Ay, Annonay, etc. 60 p.

432 — Bayonne, Château de Bellegarde, Belle-Isle-en-Mer, Environs de Bercy, Bergues, Château de Berny, Hôpital de Bicêtre, Château de Blaye, Blérancourt, etc. 58 p.

433 **Vues de France.** Église Saint-Jean à Bois-le-Duc, Bonnivet en Poitou, par Chastillon, Bouchain, l'Ile Bouchart, Bougival, Boulogne-sur-Mer, Boussac, Château de Brèves, etc. 43 p.

434 — Château de Cachan, Cahors, Calais, Caudebec, Couvent de Chaillot, Chalon, Chambéry, Charleville, Cathédrale de Chartres, Châteaudun, Ville et Château de Chinon, Château-Regnault, par Chastillon, Chatillon-sur-Marne, Château de Châville, Château de Chaulnes, Chavigny en Touraine, etc. 78 p.

435 — Château de Chevreuse, par Chastillon, Château de Chaumont-en-Vexin et Château de la Court-Senlis, près Chevreuse, par le même, Cherbourg, Château de Choisy, Château de Clagny, Colmar, Château de Colombières en Brie, Condé, Conflans, Tour de Cordouan, Coucy-le-Château, Crépy-en-Valois, Village de Croissy, Chenonceaux, etc. 108 p.

436 — Dampierre, Dinant, Donchery, Draguignan, etc. 25 p.

437 — Embrun, le Parc d'Enghein, Épernay, Château d'Ecouen, Épinal, Château de l'Étang, Étampes, Évreux, etc. 50 p.

438 — Église de Flavigny, Château de Folembray, Château de Fresnes, Fécamp, etc. 15 p.

439 — Gournay en Picardie, par Chastillon, Pont du Gard, Gravelines, la Grande-Chartreuse, Château de Gisors, Granville, etc. 43 p.

440 — Château de Ham, le Hâvre, Hesdin, Honfleur, Huninghe, etc. 34 p.

441 — Château d'Iscour, Irrois en Champagne, l'Ile de Ré, Château de Josselin, Abbaye de Jumièges, Ivry-l'Évêque, Saint-Jean-de-Laune, etc. 25 p.

442 **Vues de France**. Collège royal de La Flèche, Landrecies, Château de La Roche, Château de La Rochefoucauld, Château de Léry, Vues de la Ville et des Environs du Mans, Les Rochers, château de Mme de Sévigné, etc. 64 p.

443 — Limoges, Lisieux, Abbaye de Longpont, Louviers, Château de Louvois, Lunéville, Château de Loches, etc. 37 p.

444 — Château de Maintenon, Château de Maisons, La Malmaison, Mantes, Château de Marcoussy, Marly-le-Roi, Meaux, Melun, Meulan, Meung-sur-Loire, Mézières, etc. 95 p.

445 — Moissac, Montbard, Montélimart, Montfort-l'Amaury, Tour et Château de Mont Gay, par Chastillon; Montlhéry, Montmédy, Forteresse de Montmélian, Château de Montmirel, Montereau-Faut-Yonne, Morlaix, Mont-Valérien, Mortaigne, Moulins, etc. 96 p.

446 — Narbonne, Pont de Neuilly, Nice, Château de Noisy, Noyon, Nanterre, etc. 40 p.

447 — Ile d'Oléron, Orange, Abbaye du Paraclet, Pacy-sur-Seine, Château de Pau, etc. 34 p.

448 — Péronne. Pézenas, Poitiers, Pont-Saint-Esprit, Privas, Périgueux, Vues de Provins, par X. Leprince, etc. 89 p.

449 — Réthel, Ile de Ré, Château de Richelieu, Rochefort, Rocroy, Roanne, Rueil, etc. 74 p.

450 — Abbaye de Saint-Amand, Château de Saint-Maur, Saint-Cyr, Sainte-Ménehould, Saint-Ouen, Saint-Omer, Sancerre, etc. 88 p.

451 — Château de Saulieu, Saumur, Sédan, Sens, Château de Sept-Sceaux, par Chastillon, Suresnes, Suze, etc. 49 p.

452 **Vues de France.** Château de Tanlay, Thionville, Tonnerre, Toul, Toulon, Toulouse, Troyes, Tulle, etc. 90 p.

453 — Château Valeri, Verdun, Château de Verneuil, Vienne, en Dauphiné, Villefranche, Villeneuve-sur-Yonne, Villers-Cotterets, etc. 87 p.

454 — Vues de France, diverses. 121 p.

455 **Vues étrangères.** *Allemagne, Autriche, Suède.* Vues de Berlin, Dantzick, Heidelberg, Nuremberg, Prague, Rotterdam, Vienne, Stockholm, etc. 90 p.

456 — *Angleterre, Suisse, Russie.* Glascow, Greenwich, Palais d'Holyrood, Londres, Château de Windsor, Abbaye de Westminster, Dublin, Berne, Genève, Lucerne, Moscou, Novogorod, etc. 62 p.

457 — *Belgique, Hollande.* Vues d'Aix-la-Chapelle, Amsterdam, Anvers. Bruges, Bruxelles, Cologne. Francfort-sur-le-Mein, Gand, Leipzig, Leyde, Liége, Mayence, Mons, Ostende, Trèves, etc. 105 p.

458 — *Italie.* Vues et Plans de Rome, Saint-Pierre le Château Saint-Ange, le Colysée, le Capitole, Arc de Constantin, Colonne Trajane, etc. 114 p.

459 — Vues de la Cathédrale de Milan, Naples, le Vésuve, Venise, la place Saint-Marc, la Fête du Bucentaure, etc. 78 p.

460 — Vues d'Ancône, Brescia, Ferrare, Florence, Gênes, Mantoue, Messine, Parme, Pise, Vérone, Vicence, etc. 108 p.

461 — *Espagne, Grèce.* Aranjuez, Barcelone, Cadix, Grenade, Madrid, Séville, Lisbonne, Athènes, etc. 54 p,

462 **Vues étrangères**. *Afrique, Amérique, Asie.* Le Cap de Bonne-Espérance, Constantinople, Palestine, Jérusalem, Égypte, Détroit de Gibraltar, Ile de Malte, Pékin, Québec, Rio-de-Janeiro, etc. 83 p.

463 — Vues étrangères anciennes et modernes, grand in-fol. 55 p.

464 — Vues étrangères au daguerréotype Lerebours. 117 p.

465 — Vues étrangères modernes. Env. 250 p.

466 — Environ cinquante Cartons de différentes grandeurs.

Vve Renou et Maulde, imprimeurs de la Compagnie des Commissaires-Priseurs, rue de Rivoli, 144 400—62136

PORTRAITS EN BISTRE

NOUVELLEMENT PUBLIÉS

Chez VIGNÈRES, Marchand d'Estampes

Rue de la Monnaie, 21 (ancien 13)

AISSÉE (Mademoiselle), circassienne.
AUBIGNÉ (Théodore-Agrippa d'), historien.
BOURBON (Elisabeth-Alex.), Mlle de Sens.
BOURBON Condé (Louis de), comte de Clermont.
CHAROLAIS (Mlle L.-A. de Bourbon), en moine.
CONTI (Diane d'Orléans princesse de).
CORISANDE (La belle), Diane d'Andouins.
DILLON (Arthur), gouverneur en Amérique, député.
DROUET, maître de poste à Sainte-Menehould.
HARLAY (Achille III de).
HOLBACH (Madame la baronne d').
JONES (Paul), intrépide marin en Amérique.
LECOINTRE, de Versailles, conventionnel.
MAINE (L.-A. de Bourbon, duc du)
MONTCALM (Marquis de), commandant en Amérique.
POLIGNAC (Madame la duchesse de).
TOCQUEVILLE (Alexis de).

CETTE COLLECTION SE COMPOSE

DE

PLUS DE 100 PORTRAITS

Avec la lettre,	papier blanc	1 »
—	papier de Chine	1 25
Avant la lettre,	papier blanc	2 »
—	papier de Chine	2 50

Nombreuse Collection de Portraits pour illustration

Ve RENOU et MAULDE, imprimeurs de la Cie des Commissaires-Priseurs, rue de Rivoli, 144 400—62136

www.ingramcontent.com/pod-product-compliance
Ingram Content Group UK Ltd.
Pitfield, Milton Keynes, MK11 3LW, UK
UKHW021124230726
13926UKWH00002B/631

9 782014 454239